Für Markus

von Lucia

ISBN 3-900301-10-7
„Unser Freund, der Dichter"
Eigentümer, Herausgeber und Verleger:
Paul Mangold, A-8052 Graz, Josef-Posch-Straße 117, Tel. (0316) 52536
© 1980 by Paul Mangold, printed in Austria
Gesamtherstellung: M. Theiss, Wolfsberg

Unser Freund der Dichter

Idee und Illustrationen Paul Mangold
Text Bernd Schmidt

Mangold Verlag

Ein buntes Haus, in dem lustige Leute wohnen . . . und eine freche, kleine Maus.

Du kennst uns doch, oder? Wir sind Fritz, Birgit und Alexander.
Und der Dicke mit der Brille ist unser Freund Max.
Er ist Schriftsteller und Dichter. Er wohnt im bunten Haus am Stadtrand. Zusammen mit drei anderen Künstlern.
Wir besuchen sie gerne.
Übrigens, da ist noch jemand:
die Maus Esmeralda ...

Das bunte Haus ist ein ganz gewöhnliches Gebäude. Es steht am Stadtrand, im Grünen.

Er wohnt in einem großen Zimmer, das über und über mit Büchern und Papieren vollgeräumt ist. Auf seinem Arbeitstisch steht eine Schreibmaschine.
„Die ist sehr wichtig für mich", sagt Max, „denn ohne sie würde ich für meine Arbeit viel länger brauchen."
Früher haben die Dichter mit Tinte und Feder geschrieben.

Wir wollen von unserem Freund wissen,
was er so alles schreibt.
Und für wen?
„Nun, ich schreibe Gedichte und kurze
oder längere Geschichten. Manche
davon werden im Rundfunk gesendet.
Ich verfasse sogenannte Drehbücher
für Fernsehen und Film."
Manche der Erzählungen, Romane
und Gedichte sind in Büchern
zu lesen.

Plötzlich springt Max auf und zeigt mit dem Finger auf den Eßtisch. Die freche Maus Esmeralda knabbert an einem Blatt Papier. „Mein neues Gedicht! Heute erst, nach dem Frühstück, habe ich es geschrieben! Und jetzt frißt sie daran!"

Tatsächlich, da liegt das angeknabberte Blatt.
Und Esmeralda? Sie ist verschwunden . . .
Nur der Eierbecher mit den Eierschalen und
dem Löffel steht daneben.

Wahrscheinlich haben die Reste des Frühstücks die Maus angelockt. Was ist wirklich passiert?

Max zeigt uns das Blatt Papier.
Jetzt merken wir, was Esmeralda
angestellt hat ...
Weißt Du, was die freche,
kleine Maus aus dem Blatt
herausgeknabbert hat?
Kennst Du die fehlenden
Buchstaben?

Wir helfen Max mit Klebeband und Papier,
den Schaden wieder gutzumachen.

Die fehlenden Buchstaben setzen wir ein.
Das ist eine lustige Arbeit!
Bald lächelt Max wieder, und Esmeralda
sieht uns bei der Arbeit zu.
Sie scheint auf ihr Abenteuer
stolz zu sein . . . !

Wir setzen uns mit Max auf das gemütliche Sofa.
Er liest uns einige seiner Geschichten vor.
„Wißt Ihr", erklärt er uns, „man kann mit der
Sprache gut ausdrücken, was man empfindet, sieht
und denkt. Und andere Leute können meine
Gedanken lesen."

Ob Max ein Gedicht über die Maus Esmeralda schreiben könnte?
Er setzt sich an den Schreibtisch und beginnt.
Willst du wissen, wie das Gedicht lautet?
Kannst Du es auswendig lernen?
Ich kenne eine kleine Maus.
Sie wohnt bei mir in meinem Haus.
Die Maus stellt dauern etwas an.
Was haben wir der Maus getan?

Gefällt Dir das Gedicht? Uns gefällt es.
Es ist spät geworden, und wir müssen uns von unserem Freund
verabschieden. Und von der Maus Esmeralda. Max hat uns das
Gedicht geschenkt.

Wir kommen bestimmt bald wieder ins bunte Haus
am Stadtrand. Denn hier wohnen
unsere Freunde, der Maler . . .
der Bildhauer . . .
der Dichter.
Kommst Du wieder mit . . .?

Alle meine Bücher haben 24 Seiten (Format 22 x 24 cm), jede Seite ist bunt bebildert und erzählt eine lustige, abgeschlossene Geschichte.

A-8011 Graz
Josef-Posch-Straße 117 - Tel. 0316/52536

DIE NEUE SERIE

Österreichische Schreibschrift

96 Seiten
in 2 Farben
mit vielen Bildern
und vielen
lustigen Geschichten